Danilo López Román (Nicaragua 1954). Ha publicado siete colecciones de poesía, entre las que cabe destacar "God, Woman & Country" (2000) y "Dona Nobis Pacem" (2006) y editado o traducido diez colecciones de otros autores. Ha sido invitado a leer en ferias internacionales de poesía en Dallas, Austin, Granada (Nicaragua) y Miami. Sus escritos han aparecido en Latinoamérica y Estados Unidos tanto en inglés como en español, en revistas electrónicas, y en antologías de Nicaragua, Estados Unidos, Argentina y Venezuela. Reside en Miami, Florida, donde trabaja como arquitecto. Es candidato a Master of Fine Arts (MFA) por la Universidad de Texas, El Paso.

Extraña Ciudad

"El espacio puede ser parcelado en varas, en yardas o en kilómetros; el tiempo de la vida no se ajusta a medidas análogas"
Jorge Luis Borges, Atlas

"Places in which I was and people with whom I spoke or to whom I wrote"
Franz Kafka, Diaries p. 181

Extraña Ciudad

Danilo López Román

Extraña Ciudad

Copyright © 2016 by Danilo Lopez Roman
All rights reserved
Printed in the United States of America
Published in 2016 by Morris Publishing
First paperback edition 2016
American Fraternity, Inc. / Stylus Publications

Lopez Roman, Danilo, 1954-
    Extraña Ciudad / Danilo Lopez -1st ed.
    Poetry – Spanish/Español
    Contemporary American Poetry
Morris Publishing, 2016
36p., 8.5 x 5.5 in.
Includes index
ISBN-13: 9-781892-82030-3 Paperback

Cover: Ruins of ancient city in Turkey, taken by Danilo Lopez

10 9 8 7 6 5 4 3 2 1

Índice

Prefacio — 7

Terra Incognita — 9

Lisboa, Portugal — 13

Clínica de Especialidades, Managua — 15

La Pasión de Viajar — 17

Omaha, Nebraska 1998 — 21

Tasba Pri, Costa Atlántica Nicaragüense — 23

La Alhambra, Granada, España — 25

Bilquis, Reina de Saba — 27

Viaje — 31

Si no Estás Conmigo — 33

Postfacio — 35

Extraña Ciudad

Extraña Ciudad

Prefacio

Siempre estoy perdiendo lapiceros y billeteras, por eso ya no les uso. También pierdo pañuelos, por docenas, no tengo idea de a dónde van. A lo mejor se convierten en pelusa dentro de la secadora. Tal vez los lapiceros se reúnen en el ático, confabulando, quieren ser libres; no les gusta la poesía, o tal vez simplemente mi poesía. Las billeteras, se meten en una dimensión desconocida, un alter ego las toma y las pone en un bolsillo paralelo. Tal vez cuando estoy dormido, los lapiceros salen y escriben en mis cuadernos, y esos son los textos irreconocibles que aparecen de vez en cuando, escritos por ellos, por incontables alter egos que van y vienen de sus escondites. Las billeteras alimentan otras necesidades, de la misma manera que las palabras sirven compulsiones ajenas. Ellas creen que me engañan, pero no. Sé que invaden mis sueños en forma de pesadillas extrañas o de musas amables, según ellas lo crean conveniente. ∎

Extraña Ciudad

Extraña Ciudad

Terra Incognita

A José Luis Aguado Matus

Nací en otra ciudad que no es Miami

Donde había un barrio con calles de tierra y perros que

Vagaban en pandilla;

Vacas grises y carretones tirados por mugrientos chavalos.

Había mendigos ciegos y cojos

Y merodeadores de sirvientas en los patios traseros;

Un cauce lleno de agua e inmundicias

Y casitas de tabla al borde del descalabro.

Había un vendedor de periódicos

Con chelines en la bolsa de cuero,

Y muchachas descalzas con

Panas de tortillas en la cabeza;

Un afilador de cuchillos

Y un panadero gordo, que circulaban en bicicleta.

Había un vecino con una hija retardada y otra casada;

Cerdos que se revolcaban en el lodazal

Extraña Ciudad

Y un poeta que soñaba con Víctor Hugo.

Había pulperías abarrotadas de chilindrujos y confites y

Carretas con pichingas de leche

Y un par de bueyes babeados;

Escuelas de pordioseros

Y una iglesia Católica empobrecida.

Había la Nunciatura Apostólica

Rodeada de cercos de mampostería y Mercedes Benz

Y la escuela Pío XII, donde besé por primera vez.

A menudo me pregunto

Qué animales hubiera cazado con mi honda si hubiese

Nacido en Madagascar

O qué juegos hubiera jugado si un tal Stevenson hubiese

Suplantado a José Luis Aguado

O qué buses hubiera abordado si el Metro de París

Hubiese corrido por la esquina de mi casa.

O qué lunas hubiera admirado si en vez de Amelia Patricia

Una Edvika Krüeger hubiese sido mi pareja.

Extraña Ciudad

Ignoro qué innumerables destinos habría vivido en otros

Cuerpos cansados,

En otros lugares hostiles o qué flechas habrían surcado mi

Pecho lóbrego,

O qué Árabes hubieran cortado mi mano derecha.

Sé que esta mirada ida me habrá acompañado en la dura

Batalla,

Y que los solitarios caminos de El Cairo

Ya antes me condujeron a Gnosos y Karnak,

Y que mis dedos trazaron en Altamira las tenues figuras

Del búfalo,

Y que en un lugar de Alfa Centauri, Tahor me

Mostró el Cristal Sagrado

Donde el Espíritu le habría revelado el secreto de la Mente

Cósmica.

Extraña Ciudad

Extraña Ciudad

Lisboa, Portugal

A Danibel Hiraldo

No estoy seguro cual es la real
La foto que me mira cada día
O la habitación llena de
Recuerdos y sueños,
El lugar donde me siento cada noche
Para escribirte cartas y poemas
    Un rifle en su mano, un lirio en su pelo
    Los celos me golpean, fuerte como un tornado
    Furtivos como un ladrón, imaginando amigos
    Que besan su mejilla mientras yo
    Sostengo esta foto inerte, impasible como
    Una estatua, seria como una reina
Danibel me mira, triste como una viuda
Su cabeza abarrotada pregunta todo,
Su pelo dorado que mis dedos acarician...
Cierro mis ojos para ver
Sus pequeñas manitas buscando las mías.

Extraña Ciudad

Extraña Ciudad

Clínica de Especialidades, Managua, Nicaragua

A Reima Rabionet

Parir una criatura es tremor de una resistencia feroz
Cinco minutos antes de medianoche, el día 1° de julio, asoma su cabecita
Y la oculta de nuevo temerosa de una vida aún desconocida

Los últimos espasmos de una lluviosa noche estallan agotados en lejanos estruendos
El olor del éter, acetilo, neopreno hiere mis fosas nasales
En el momento de la congelada angustia su grito rasga el espacio-tiempo con júbilo y alivio
La aguja de la anestesia, invasiva, mecánica, se torna invisible dentro de la piel.
Ella tiene un aspecto bruñido, lleno de furia, frágil y hambrienta
A esta edad no existe noción del destino y su incesante matiz

En este momento lo que vaya a suceder parece una eternidad vacilante, lejana.
Cuando el cordón es doblado y cortado y se restringe el flujo de sangre,
Cuando la deslucida placenta ha sido extraída, una viscosa carcasa de carne cae

A ella la depositan en mis brazos dentro de un diminuto bulto de paño color cobalto
El espacio-tiempo contiene su respiración de nuevo, inconsciente de extrañas maquinaciones

Extraña Ciudad

Su plácido murmullo y ojos grises me atornillan:

Fantasía ferviente de un padre en trance, inconsciente de las tormentas por venir;

El dique de este instante detiene el torrente de planes que nunca se imaginaron
Desprendo mi mente de las nubes siderales mientras una diminuta mano lucha bajo
El bulto y escapa hacia las mías, rústica, ciega, ansiosa.
Su color rosado es una mezcla de uñas suaves, piel frágil y venas de zafiro,
Una etiqueta plástica de hospital de color blanco encierra su pequeña muñeca

Visualizo a la niña que ahora lleva mi apellido durmiendo más allá de carne y hueso.
Este día, ignorante de la distorsión de espejos, inconsciente de separaciones calibradas
Nos ayudará a derrotar distancias desapasionadas y a ondular futuras despedidas
Habrá un tiempo en el cual nos levantaremos de nuevo de las cenizas del Fénix y
Relojes rutilantes;
Habrá un tiempo de rupturas violentas y promesas rotas:
En esta hora encontraremos el amor indestructible en el centro interno y
La fibra para re-encontrarnos.

Extraña Ciudad

La Pasión de Viajar

*"El trayecto, no el destino, es
la fuente de asombro"*
  Lorena McKennit, La Máscara y el Espejo

En el hotel du Lys, 23 Rué Serpente, Paris, Francia no era su boquilla lo que se congeló en el jardín, sino la inconstancia que les servía bien. El resto, adornado con festones y rosas de seda, era un monumento a amoríos pasajeros, y risas aburridas. Los gatos no se podían domar, no había suecos para montar. Sólo su sonrisa expectante, que preguntaba eternamente *"¿Por cuánto tiempo más?"*

En el hotel Endri, rs. Vaso Pasha 227, Tirana, Albania, se dio cuenta de que al principio el corazón gobierna la cabeza. No le importaba mucho el no verlo, pero si no verlo sino solamente de vez en cuando. No le importaba que él no contestara sus llamadas. Por muchas noches larguísimas lloró hasta el amanecer esperando en vano que el teléfono sonara. Antes de la salida del sol, se levantaría sin mucha prisa, tomaría una ducha, embellecerse para él, dejar al hijo en el kinder, llegar a la oficina del Partido. Durante el almuerzo sostendrían conversaciones nimias. Después del trabajo cuando a él le fuera posible, pasaría por su apartamento. Trataría de penetrar el corazón y la mente de ese hombre silencioso, amado, solitario, en vano. Ella, cansada de sentirse aislada, se abriría a él como en la naturaleza el agua a la sal. El, cansado de ser abierto, se acercará a ella con la naturalidad del polvo y del aire.

En el hotel Carpeti, str Matei Millo 16, Bucarest, Rumania, ella descubrió que en la leyenda de Drácula, la reencarnación

Extraña Ciudad

del amor de su esposa lo estaba matando con el fin de que alcanzara la salvación eterna. No era el destino de las dos almas viajar juntas y ser salvadas en pareja. Cada alma tendría que alcanzar su salvación por sí sola. Desde este punto de vista, concluyó ella, las almas gemelas no existen en la eternidad (las almas son sin tiempo) pero sí en asociaciones breves escogidas en el plano temporal. Así que al final, ella viajaría a la infinita mar sola. Aprendió que en la eternidad los conceptos de soledad y de separación, no se aplican al alma liberada del cuerpo. Su alma estaba interconectada a todas las otras, y las otras estaban conectadas a la Mente Cósmica.

En su viaje de regreso de Sebastopol a Odessa, cruzó el Mar Negro. De pie a orillas de la borda, viendo hacia el azul oscuro de las aguas y hacia la empañada línea de la costa en el horizonte, abrió su bolso lentamente, sacó un paquete de Virginia Slims, tomó un cigarrillo con sus dedos expertos y lo encendió con la mano izquierda. Inhaló profundamente como intentando atrapar las incontables memorias que vinieran a suplantar la realidad, el mosaico de los felices momentos que se fueron hacía muchos años.

Pero fue en el parque Kadriog en la ciudad vieja de Tallin, Estonia, donde se convenció- de mente y corazón- que tenerlo a él incompleto era más doloroso que no tenerlo del todo. Decidió arrancarse uno por uno los poemas que le leyó en la cama, las postales que recibió desde lugares desconocidos, las memorias que flotaban en su mente, las flores puntuales de cada cumpleaños, las noches eternas en que abrazaba la nada, los punzantes mensajes no retornados, las llamadas telefónicas sin contestar, la demencia al hacer el amor, las copas de

Extraña Ciudad

Pasareasca Alba tomadas en la terraza, los tibios baños juntos, las odiosas imparables lágrimas. Todo.

Lo que haya pasado ayer podría haber pasado hace veinte años, o durante su acostumbrado sueño diurno. Pero sus brillantes ojos azules no han cambiado, ni la pasión de sus palabras. Cuando le peguntaron, que hora era, dijo: *"Nadie hubiera creído que este líquido que todavía corre dentro de mí, en alguna parte, es el mismo líquido que en cierto tiempo vertió en otros lugares, con el mismo nombre. Supongo que nadie camina por el mismo pasaje dos veces"*. Todo: Las llameantes danzas en el salón, los regalos sin abrir del día de la madre, las navidades no realizadas, hasta que cesó de necesitarlo.

La caja ardió por largos minutos. Las llamas, rojas como el color de las toldas en el mercado central de Riga, amarillas como el sol saliente en Vilnus, Lituania, iluminaron el patio trasero con grandes sombras danzantes. El humo se hizo espeso como las paredes de los castillos viejos en la parte baja de Dubrovnik, Croacia. Y luego a las cenizas, grises como los cielos de Oslo en invierno, las barrió la clara lluvia y los vientos boreales.

Extraña Ciudad

Omaha, Nebraska, 1998

En su seductor paseo por la ciudad, la joven de blue-jeans, logra completar un viaje más. Desciende de la camioneta roja, cruza la vía libre sacudiendo su suéter rosado como un conjuro a las frías corrientes del mediodía invernal. El destello de la flor de lis en la parte trasera de su cintura me deslumbra. Soy anodino y no tomo riesgos. Escribo lo mismo, diseño y dibujo siempre lo mismo: aburrido. "Dame cien dólares, y te hago todo, todo aquí mismo". Pero soy demasiado miedoso para lanzarme, y la frialdad que siento en las ingles no me permite transformar la daga en espada, obstaculiza la transformación de la flácida crisálida en el garrote de Iron Maiden. La vergüenza despiadada se expone a través de la ciudad como carcasa que cuelga en el frigorífico. Estos feroces argumentos siempre van en aumento, como flechas salvajes apuntando a mi pecho desnudo.

Muchos.

Estos son los actos y hechos que platearon mis cabellos, hicieron descender mis hombros y doblegaron mi conciencia a sus rodillas. Le di veinte dólares por la molestia y seguí mi camino. Sus insultos entre dientes no aumentaron mi deshonor.

Extraña Ciudad

Extraña Ciudad
Tasba Pri, Costa Atlántica Nicaragüense

1
Esos eran los días en que mártires resucitados nos vigilaban desde cartelones de oficina y nombres de calles. Tasba Pri yacía silenciosa como ave fénix en cenizas
Engañados por slogans y grandiosas promesas, jóvenes patriotas caían como carne de cañón. Marchando en fila india salvamos montañas nebulosas y densos confusos ríos
Máquinas roncas nos sobrevuelan rociándonos con los frutos mortales de sus entrañas
Nosotros, pacíficos Miskitos, incineramos la tierra que los forasteros se apropiaron.

2
Tenebrosos soldados me apresaron una noche, me arrastraron como a bestia convertida en presa. Pájaros salvajes y monos aterrados presenciaron el acero que arrugó mi piel
Mis labios eran fríos como el cristal, mis ojos te buscaban en espejos rotos... ¡Recuerda!
Te echarían con escarnio del Palacio Nacional, junto con incontables viudas ofendidas y burladas

3
Un sol certero penetra la selva tropical, aparta y rompe antiguas copas
Lejos de la orilla donde el lagarto salta y mata, esperamos en silencio el momento exacto
Cuando el agua es mansa y el pez reposa

4
Nos acechan como panteras, sus ojos puestos en un espejismo de balas garbosas diezmando a nuestra gente, los ves en sueños, mujer deshabitada que le escribe desde lejos a mi

Extraña Ciudad

sombra y a mis hijas. Desde un país con calles sin número y nombres vacíos, tus cartas me alcanzan de manera extraña

Atesoro tu foto en el pasillo ocioso del hotel y en dudosos parques donde abundan putas y borrachos, y en desfiles densos y apretados donde todos rabiamos insultos contra el gobierno

5
Ah! si pudieras escuchar las lluvias que yo he visto y los niños de cometas rotos, sus hermanos y mascotas inmoladas, familias enteras aniquiladas en nombre de la paz y la revolución. ¿Qué será de ellos en años venideros? ¿Cuánto más sangrarán Bilwi, Kukalaya, y Wawa Boom? ¿Cómo puede esta tierra sostenerse frente a locos Judas y Goliats asesinos?

6
Mientras me interrogan, estás en casa de tu amiga, no osas cruzar la línea que separa redención de entrega.
Me oigo repetir el nombre de mis hijas como mantras, así me libero de infiernos y miserias, pero cuando el hielo no silencia tu voz, es su fuego el que me niega la cordura

Los campos de concentración pierden cuerpo, prisioneros vienen y se van, sus frentes húmedas de sudor y miedo, no hacen ruido cuando el acero les troza la vida

7
Por veinte semanas me han torturado, Me blanden fotos de cuerpos destrozados
Brazos mutilados en razzias furibundas, pero no me rindo. Un soldado-golem me escoria la piel, gruñendo el veredicto que me espera. Solo el río resiste, grotesco en su calma
Neutral como un cadáver. La cuchilla gigantesca brilla en mi pupila, anunciando la Intención,
el castramiento, el final.

Extraña Ciudad

La Alhambra, Granada, España

A Franklin Caldera

Cegado por la maravilla, entro: jardines, fuentes, muros, arabescos
En una alcoba antiquísima: un vano impostor de Mío Cid,
Su espada rompe el futuro y un resplandor repentino ciega mis pupilas

Susurra mi pasado al oído, le revelo su futuro
En silencio me conduce, a la Sala de los Ecos:
Un aposento blanco y circular, un círculo radiante y rojo

La alta cúpula intimida, yo, el copioso prisionero.
Diminutos huecos apuñalan la pared, en ellos murmura secretos
 Que juntos estallan en mi cabeza

Sus ojos me buscan implorantes, yo encubro su destino
Nos borramos en el pozo del tiempo
Reconozco su mirada incrédula, en los ojos de un niño

Todas las imágenes convergen en un tropel de recuerdos:
Samuel ibn Naghrela, deambula por la Plaza de los Mirtos
El Sultán Muhammed V ora ardoroso en la Plaza de Los Leones

En el Pasillo de los Abencerrajes
La feroz cimitarra del padre de Boabdil
Salpica las paredes con la sangre de cien gargantas

En el Jennat al Arif dos soldados Musulmanes se aventuran al ajedrez
Y Muhammad ibn Musa al-Kwahrizmi completa su al-jabr
El Rey Fernando de Aragón alza el Labarum en una mueca de poder

Extraña Ciudad

Mil diseños de puertas secretas
Que Le Corbusier nunca imaginó, emergen en fachadas
Brasileñas
Galeones Españoles y universidades Americanas

Me fue revelado entonces que el futuro que oculté
Tuvo su justo heredero en ese preciso momento.
    En vano busqué el túnel del tiempo:

La misma rutina de jardines, fuentes y muros me encierra
Un vano impostor de Mío Cid rompe el futuro
Ambos comprendemos la trampa mágica en que caímos

Un mil años atrás.

Extraña Ciudad

Bilquis, Reina de Saba

Para Krista

mujer concebida por el sol y la luna
mujer formada en la luz y el resplandor

nativa extranjera vestida de azul
mujer creada fuera del tiempo

corona de verbos y nombres hermosos
mujer que duerme en las sombras y reina en la esencia

mujer del misterio, del centro y del borde
fruta nacida de velos y bosques
hoja eterna
tesoro
delirio

que tu sonrisa ilumine mi camino y tus ojos fijen mi objetivo
que tu magia me embruje
que pueda levar mis anclas y conducir mi embarcación
que pueda hacer florecer mi jardín y mis árboles

que tus manos transformen mis sueños

Extraña Ciudad

mujer de largo silencio y pose regia

detrás de tu mirada tus ojos anuncian otras miradas
la paz y el temor,
la luz y el centro,
y caras, y amistad,
y el amor prohibido

en tu piel se redime el amor del soñador
y los temores del abandonado son
disueltos

más allá de tu imagen están las fantásticas colinas del paraíso
habitadas por beduinos y pastores
reverdecen cada día con la humedad de
tu sonrisa

Me paseo por tu manto que destapa
otros jardines, ciudades enteras
donde amplios reyes gobiernan imperios inmortales
y castillos de granito

tus ojos son la conquista milenaria que
tus pies acarician

Extraña Ciudad

tu voz es la música del deseo

tu boca proclama al águila

y la sabiduría

y la pasión

y el culto

más allá de tu figura, otras noches

aguardan con flores doradas

e infinitas paredes de estrellas

reina Bilquis

que tus labios me pronuncien

para que yo pueda existir.

Extraña Ciudad

Extraña Ciudad

Viaje

Para Tato Laviera

Desde aquí arriba todo parece anormal,
Tal es la impresión que las cosas producen
Sobre nosotros cuando nos preocupamos por subir
A lugares más altos, pero deberíamos mantener
Las cosas en perspectiva y saber
Que cualquiera puede caer o ascender
En cualquier momento

El avión era una viña de rubores
Todos los pasajeros se ocupaban de sus propias cosas
Pequeñas tazas de café y mordisqueo sobre
Diminutos carros de azúcar

Desde mi asiento puedo escuchar
Las maletas corriendo arriba y abajo en
Los pasillos del compartimento de equipaje
Pero a nadie le importa
El piloto continúa comprobando los neumáticos ondulando en
pleno vuelo
Les decimos adiós a los patos que pasan
En una prolija formación en V dirigiéndose hacia el norte

El líder se dio cuenta a tiempo de que
Iban en dirección equivocada
No sé si cambió o no de curso

Allá abajo pequeños y largos ríos nos recuerdan
Que la vida es capaz de cambiar

Extraña Ciudad

Su trayectoria para que nosotros sigamos montañosas
Formas de tierras en rojo, verde, azul y marrón

Aparte de no haber podido descansar o dormir

Fue un vuelo placentero con amables y lindas
Azafatas flotando con gracia en
Uniformes azules planchados impecablemente, ojos azules
Tocados azules y esmalte de uñas azul

Todos bebimos y leímos y escribimos con profusión
En laptops improvisadas y tazas de café.
Cuando llegué a casa en el Polo Norte
Los patos se tenían una fiesta

Extraña Ciudad

Si No Estás Conmigo

Para Krista

Si no estás conmigo, estás conmigo
si te vas lejos, te tengo cerca
si te escondes en mi vigilia, en mi sueño te encuentro
recorro valles y carreteras buscándote en cada loma
grito tu nombre en los caminos y veo tu ojos en
los arrecifes del océano
como gotas de un torrente diáfano
las letras de tu nombre me cobijan
me envuelven completo como niebla mágica.
que tu nombre me acompañe y también tu forma
que tus besos me impulsen y también tu amor
que no sea perenne mi extravío sin tu norte
que me llame tu pelo y me encuentren tus dedos
que vengan a mi encuentro en esta noche gruesa
que estallen tus latidos como lenguas de fuego
que iluminen la oscuridad que me rodea y
la soledad que me abruma
que cada segundo del día tu alma desee a la mía.

Extraña Ciudad

Postfacio

Su respiración es apacible, como la de mi nieto. A veces lo asusta algún sueño que yo desconozco. Camina más lento que el año pasado, y más rápido que el próximo. El torrente de memorias que derrama sobre la página relata una vida vivida amplia y profundamente. Su cabello finalmente cedió y está completamente blanco. Se me asemeja a un león viejo deseando supremamente descansar, sus cachorros ya crecidos batallando sus propias batallas, entrenando a sus propios cachorros.

Y a pesar de que me acompañará mañana martes a la lectura de poesía, me doy cuenta de que él ha estado conmigo desde hace mucho tiempo, desde antes que yo naciera. Y continuará estando ahí después de mi muerte. Porque mucho de lo que soy yo hoy, física y espiritualmente, le pertenece. ∎

Este chapbook nació de una lectura conjunta que hice en Miami, Florida con el poeta Joaquín Gálvez en Julio del 2014. Invitado a participar por mi amigo el poeta Francisco Larios, el evento fue producido por Zona Franca y presentado por el poeta Alejandro Fonseca.

Extraña Ciudad

Otras obras del mismo autor:

> *Antología de Tarde*
> *Génesis y Otras Fantasías*
> *Return to Guatemala*
> *18 Poems*
> *Dead Souls*
> *God, Woman & Country*
> *Dona Nobis Pacem*

Como editor/antólogo:

> *11 Nicaraguan Poets in the USA*
> *Poets of Miami*
> *Poets of the Immigration*
> *Voces de América (disco compacto)*

En preparación:

> *Generaciones/Generations (poesía)*
> *The Hells of Valhalla /Los Infiernos del Valhalla (short stories/cuentos)*
> *An Echo of Swelling Voices (novella)*
> *Destructural Discourses (essays)*